Lectura + lenguaje

Editado por Scholastic Inc., 90 Old Sherman Turnpike, Danbury, CT 06816

SCHOLASTIC y los logotipos asociados son marcas de producto y/o marcas registradas de Scholastic Inc.

ISBN 0-439-92277-1

Título del original en inglés: Dora's Underwater Voyage

Traducción de Daniel A. González y asociados

Impreso en Estados Unidos de América

Primera impresión de Scholastic, octubre de 2006

El viaje submarino de Dora

por
Christine Ricci

ilustrado por
Jason Fruchter

SCHOLASTIC INC.
Nueva York Toronto Londres Auckland Sydney
Ciudad de México Nueva Delhi Hong Kong Buenos Aires

Un día, Dora y Boots estaban jugando en la playa cuando una ola rompió sobre Dora e hizo que se le cayera la pulsera que salió flotando mar adentro.

—¡Ay, no! —dijo Dora—. ¡Esa pulsera me la regalaron Mami y Papi! ¿Cómo la voy a encontrar? ¡El ocáno es tan grande!

—¿Quién nos ayuda
cuando no sabemos a
dónde ir? —preguntó Dora.

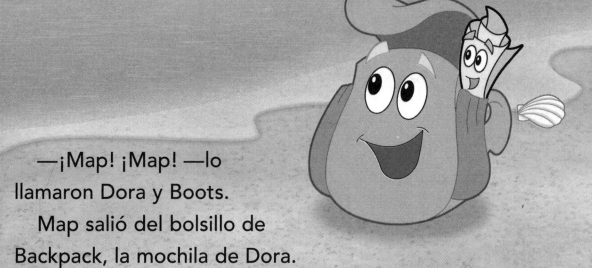

—¡Map! ¡Map! —lo
llamaron Dora y Boots.
Map salió del bolsillo de
Backpack, la mochila de Dora.

—Yo les puedo decir dónde está la pulsera —dijo Map—. Está en el Barco Hundido. Primero tienen que pasar por la Puerta de Algas y luego pasar las Almejas. Así llegrán al Barco Hundido para recuperar tu pulsera.

—**Thank you**, Map —dijo Dora.

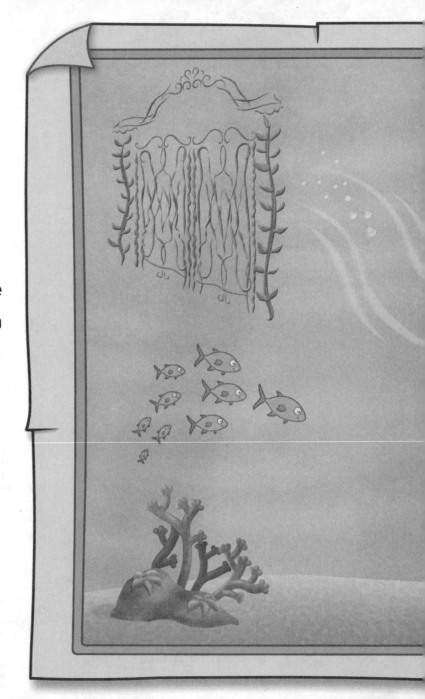

—¿Ves algo que podamos usar para sumergirnos en el mar? —preguntó Dora.

Boots miró a su alrededor. —¡Veo un
submarino! —gritó—, él nos puede llevar a
las profundidades del mar.

    —¡Qué buena idea! —dijo Dora.

Cuando el submarino viajaba lentamente por el fondo del mar, apareció un caballito de mar.

—*Hello!* —dijo el caballito de mar—. ¿Adónde van?

—Vamos al Barco Hundido para encontrar mi pulsera —le explicó Dora.

—Ajá —dijo el caballito de mar—. Para llegar allí tienen que saber la palabra secreta, así que recuerden esto:

Para abrir las cosas que se encuentren en el camino, tienen que decir la palabra secreta en inglés: *Open!* ¡Ábrete!

"Open!"

"¡Ábrete!"

gate

la puerta

Dora y Boots le agradecieron al caballito de
mar y siguieron su camino.

—Ahí está la Puerta de Algas —gritó Boots—,
pero está cerrada. ¿Cómo vamos a atravesarla
para llegar al Barco Hundido?

—Intentaré lo que el caballito de mar nos dijo que hiciéramos —dijo Dora— *Open, gate!*

La Puerta de Algas se abrió y el submarino la atravesó y salió al otro lado.

Al poco tiempo, Dora y Boots llegaron donde estaban las Almejas. Pudieron maniobrar el submarino para evitar la primera almeja, pasar por encima de la segunda y sortear la tercera. Pero la cuarta almeja se cerró y atrapó el submarino.

—¡Estamos atrapados! —exclamó Dora—. ¡Pero ya sabemos qué hacer para que la almeja se abra!

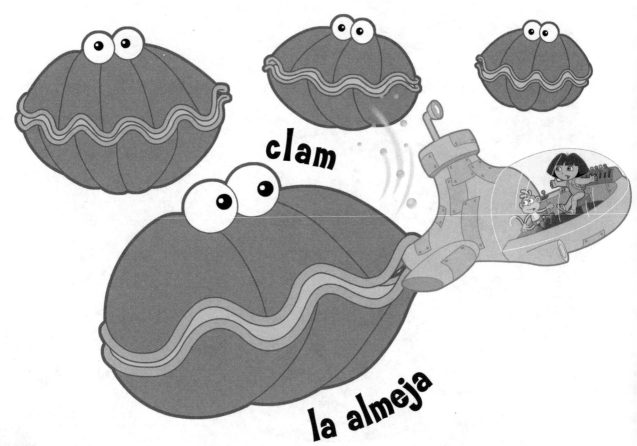

clam

la almeja

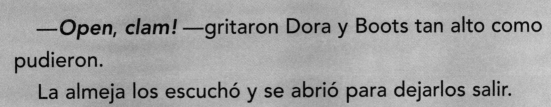

—**Open, clam!** —gritaron Dora y Boots tan alto como pudieron.

La almeja los escuchó y se abrió para dejarlos salir.

—¡Uf! ¡Casi, casi nos atrapa! —dijo Boots— ¡Ahora vamos a buscar la pulsera!

Muy pronto, Dora y Boots llegaron al Barco Hundido. Boots se rascó la cabeza. —¿Cómo vamos a entrar? —preguntó.

—Tenemos que abrir una ventana— contestó Dora.

window

la ventana

—**Open**, **window!** —gritaron Dora y Boots.
La ventana se abrió y el submarino se zambulló
por la ventana y entró al barco.

En el barco había muchos tesoros brillantes y centellantes.
—¿Ves mi pulsera especial? —preguntó Dora.
Boots señaló un barril que estaba detrás del cofre de
tesoro más grande. —¡Ahí está!

Dora dirigió el submarino y lo puso
al lado del barril para tomar su pulsera.

Dora y Boots pulsaron unos botones y del submarino salió una garra gigante. La garra tomó la pulsera y la puso sobre el submarino.

claw

la garra

—Ahora tenemos que hacer que la garra se abra para poder recuperar mi pulsera —dijo Dora.

—**Open, claw!** —gritaron Dora y Boots.

La garra se abrió y dejó caer la pulsera dentro del submarino.

—¡Estoy muy contenta porque recuperé mi pulsera!
—dijo Dora, mientras se ponía la pulsera.

Justo en ese momento el caballito de mar apareció nadando al lado del submarino y dijo:

—¡Viva! ¡Lo hiciste!

Encontraste el camino y rescataste la pulsera diciendo *Open!*

27

Fundamentos de Aprende jugando de Nick Jr.™

¡Las habilidades que todos los niños necesitan, en cuentos que les encantarán!

 colores + formas
Reconocer e identificar formas y colores básicos en el contexto de un cuento.

 emociones
Aprender a identificar y entender un amplio rango de emociones: felicidad, tristeza, entusiasmo, frustración, etc.

 imaginación
Fomentar las habilidades de pensamiento creativo a través de juegos de dramatización y de imaginación.

 123 matemáticas
Reconocer las primeras nociones de matemáticas del mundo que nos rodea: patrones, formas, números, secuencias.

 música + movimiento
Disfrutar el sonido y el ritmo de la música y la danza.

 actividades físicas
Promover coordinación y confianza a través del juego y de ejercicios físicos.

 resolución de problemas
Usar habilidades de pensamiento crítico (observar, escuchar, seguir instrucciones) para hacer predicciones y resolver problemas.

 lectura + lenguaje
Desarrollar un amor duradero por la lectura a través del uso de historias, cuentos y personajes interesantes.

 ciencia
Fomentar la curiosidad y el interés en el mundo natural que nos rodea.

 habilidades sociales + diversidad cultural
Desarrollar respeto por los demás como personas únicas e interesantes.

Lectura + lenguaje

Estímulo de conversación

Preguntas y actividades para que los padres ayuden a sus hijos a aprender jugando.

¡Dora tuvo que viajar al fondo del mar para encontrar su pulsera especial! ¿Qué harías si perdieras algo que es muy importante para ti? ¿Cómo tratarías de encontrarlo?

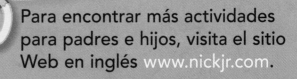

Para encontrar más actividades para padres e hijos, visita el sitio Web en inglés www.nickjr.com.

GLOSARIO ESPAÑOL/INGLÉS y GUÍA DE PRONUNCIACIÓN

ESPAÑOL	INGLÉS	PRONUNCIACIÓN
Gracias	Thank you	zánk-iu
Hola	Hello	ja-lóu
Ábrete	Open	óu-pen
La puerta	Gate	gue-it
La almeja	Clam	clém
La ventana	Window	uín-dou
La garra	Claw	clo